AF498142

LA LIBERTÉ,

O U

Mlle. RAUCOUR

A toute la secte anandrine, assemblée au foyer de la comédie Française.

A LECHE = CON,

ET SE TROUVE

DANS LES COULISSES DE

TOUS LES THÉATRES,

même éhez Audinot.

———

1791.

DISCOURS

DE

Mlle. RAUCOUR.

Une foule d'événemens extraordinaire se succedent sans interruption depuis le commencement de la révolution.
L'amour de la liberté, cette passion
dominante parmi l'espece humaine,
source inépuisable des actions les plus
héroïques, lorsqu'elle est bien dirigée;
modifiée, dans les circonstances actuelles, de mille & mille manieres par
l'intérêt personnel, produit chaque jour,
dans toute l'étendue du royaume, des

effets auffi funeftes que multipliés. Le rêve de Mercier, le réveil d'Epiménide n'ont rien vu de femblable à ce qui fe paffe à préfent fous nos yeux ; l'un a rêvé trop tard, l'autre n'a pas affez dormi ; leurs idées fantaftiques, filles d'une imagination exaltée, ne préfentent que des faits chimériques qui ne peuvent exifter que dans leurs cerveaux remplis de platonifme.

La prife de la baftille, monument éternel de la bravoure des Parifiens ou de la lâcheté du gouverneur ; le fupplice de plufieurs perfonnes de diftinction, mifes à mort fans forme de procès par un peuple le plus humain de l'Europe : la journée du 6 octobre, journée à jamais célèbre par les atrocités qu'elle éclaira & par la qualité & le fexe des combattans qui les commirent ; époque digne du haut-bois de ronfard ou de la trompette fêlée de paliffot ; un roi jufte & bon, captif au milieu de fes fujets qui fe difent libres ; une reine digne de l'adoration de tous les Français, en butte à tous les traits de la plus affreufe calomnie ; les princes du fang royal forcés de vivre loin de leur

patrie pour se soustraire à la rage d'une populace mutinée ; la meilleure noblesse du royaume errante chez l'etranger pour éviter la lanterne. . . . .
. . . . . exerçant dans Paris le despotisme le plus absolu ; un homme distingué par son mérite personnel, puni du dernier supplice pour avoir voulu être fidèle à son roi ; une caisse publique s'autorisant du désordre actuel pour manquer à ses engagemens les plus sacrés , le crédit & le commerce ruinés sans ressource ; le désordre dans toutes les parties de l'administration ; le pouvoir législatif abusant de son autorité , le pouvoir exécutif sans force & sans vigueur ; les droits les plus saints foulés aux pieds , la religion sapée par ses fondemens , ses ministres réduits à la mendicité ; les représentans d'une nation auguste, oubliant la dignité de leurs fonctions , s'injuriant sans pudeur , employant de part & d'autre, pour faire valoir leur opinion les armes de l'astuce , les ressources des sophismes , & les traits de la calomnie elle-même : telles sont mes chères consœurs , les tristes scénes qui se passent

A 3

chaque jour sur le théâtre sanglant de la révolution ; tels sont les événemens sinistres qui présagent à la nation Française l'avenir le plus triste, & la perspective la plus redoutable.

Le tableau des différentes époques de la révolution, n'en est, à proprement parler qu'une esquisse très-imparfaite. Je n'ai pas dit un mot des événemens particuliers, dont tant d'individus plus dignes d'un meilleur sort ont été les déplorables victimes. Je ne vous parlerai point de la subversion totale des idées les plus simples dans l'esprit des Français ; ils semblent avoir oublié leur amour pour leur roi, &, j'ose le dire, leur frivolité même toute entiere à l'objet important qui m'occupe, & pour lequel je vous ai assemblées ici ; je passe rapidement sur tout ce qui nous est étranger.

Comme Françaises, comme citoyennes actives, vous devez prendre part à tout ce qui intéresse l'universalité de la nation dont nous sommes membres ; mais, ce devoir une fois rempli, n'oublions pas nos cons & nos clytoris ; nous nous manquerions à nous-mêmes,

nous mériterions la vérole la plus ca-
ractérifée, fi par des motifs que je ne
puis prévoir, nous négligions de prendre des moyens pour nous en préfer-
ver, & nous conferver la faculté de
nous gamahucher tout à notre aife.
Déjà la morne trifteffe fe peint fur vos
fronts ; déjà la chaude-piffe cordée
femble avoir fait fur vous les plus
grands ravages. Les graces difparoif-
fent, les pâles violettes prennent la
place des rofes & des lys qui, n'a-
gueres brilloient fur vos vifages : vous
tremblez, votre foutre rentre tout
dans vos reins ; cependant vous igno-
rez encore de quel danger vous êtes
menacées ! moi-même, quoique familia-
rifée avec la crainte, je n'y fonge jamais, fans que les poils de mon cul
fe hériffent ; fans que mon clytoris
racourciffe fubitement ; fans que mon
con, qui eft d'une très-belle ampleur, fe
retréciffe prodigieufement. Non, jamais
fpécifique ne fit d'effet plus furprenant
& plus prompt ; mais armons - nous
d'une fermeté héroïque, oublions un
inftant que nous fommes des femmes
l'effort ne fera pas pénible ; accoutûmées

à faire les fonctions des hommes, prenons en le courage. Voici le fait.

Par une requête digne de celles qui l'ont préfentée, & fur des motifs qui auroient dû leur mériter quelques points de futures à leur ample folution de continuité, les putains, cette pefte publique que le tonerre puiffe écrafer, ont obtenu du comité de fouterie compofé des plus mauvais jean-foutres que la terre ait produits, un décret qui ordonne aux bougres & aux bardaches de décorer leur chapeau d'une pine garnie de poils, en forme de plumet, comme un figne de flétriffure auquel on puiffe les reconnoître fans peine & les montrer au doigt, à moins que renonçant pour toujours à leur fureur enculatoire, ils ne faffent profeffion publique de putanifme. Les fodomiftes ont fu qu'ils étoient voués au mépris & à l'éxécration : auffi-tôt ils fe font affemblés au Luxembourg, préfidés par le brave enculeur Villette, & ont nommé des commiffaires, fodomiftes décidés, & un procureur, pour foutre les putains en déroute & donner leur défenfe dans une affaire qui compro-

met leur goût pour le cul , & la con-
fidération dont ils jouiffent dans la fo-
ciété. Jufques-là nous nous en foutons ;
nos cons & nos clytoris n'y font encore pour rien : mais hier , pendant
que je foutois Mlle Lange fans avoir
fermé ma porte , pendant que je m'ef-
crimois de toutes mes forces pour faire
monter mon foutre des talons , le chevalier de Con-bis, fouteur à l'épreuve,
qui m'a bricolé mainte fois à couillons
rabattus , lorfque j'étois divinité pou-
liniere aux Français , entre chez-moi
d'un air effaré , de l'air d'un homme
tout fraîchement châtré ; & fans faire
attention que j'étois prête à décharger,
je fors , me dit-il , en me tirant ru-
dement par le bras , je fors de chez
la vicomteffe de Con-fendu , où tan-
dis que vous vous amufez à foutrailler,
on trame contre toute la fecte anandrine un projet capable de la détruire
de fond-en-comble. Mon amitié pour
vous , ma reconnoiffance pour vos an-
ciens fervices m'obligeoient de vous en
avertir ; je n'ai pas achevé de me faire
branler pour venir plutôt vous donner
cet avis important ; j'ai rempli mon

devoir, déchargez fi vous en avez le courage, & prenez vos fûretés. »

A ces mots le foutre fe coagule dans mes couilles, je débande; & Mlle L*** qui décharge où déjà á grands flots, fent tarir tout-à-coup la fource de fon fperme. je l'avoue franchement, l'univers s'écroulant n'auroit pas fait fur moi un effet auffi terrible que les paroles du chevalier; la vérole la plus complette m'auroit moins épouvantée: je tombai dans une ftupeur qui fit craindre pour mes jours. Envain emp'oyat-t-on les fpiritueux, en vain m'inondat-t-on d'un déluge d'effence, *l'eau des Carmes*, l'efprit même de foutre eût été fans effet : ce ne fut qu'à force de me branler & de me gamahucher, que la petite Lange me rappella à la vie. Revenue à moi-même, mon premier mouvement fut de porter ma main fur mon con pour m'affurer de mon exiftence : je crus avoir rêvé les paroles du chevalier Con-bis : mais Mlle Lange me tira de mon erreur. Je donnai la torture à mon imaginàtion pour découvrir quels pouvoient être les motifs du complot odieux des putains, j'exa-

minai foigneufement qu'elle avoit été
notre conduite à l'égard de cette vile
canaille , & je ne trouvai rien , ni dans
nos cons , ni dans nos culs , qui nous
eût mérité fon animadverfion. Enfin,
à force de réfléchir, le foutre commen-
çoit à me monter au vifage , lorf-
qu'une idée lumineufe fe préfenta. **La
voici.**

Tant que nos befoins pécuniaires
ou notre goût pour la fouterie ordinaire , nous ont fait une néceffité de
nous fervir de couilles & des pines ;
nous avons porté une partie des défa-
grémens fans nombre , des incommo-
dités inféparables du métier de putain ;
mais depuis que l'utile produit de nos
cons , nous a mifes au-deffus de l'indi-
gence ; depuis que nous nous fommes
approprié les dépouilles du nombre
infini de couillons habillés en homme ,
que nos charmes & nos artifices ont
fait tomber dans nos filets ; depuis que
notre goût mutuel pour le clitoris nous
a fait renoncer à l'ufage des vits ; les
fouteufes & compagnie accoutumées
jadis à partager avec nous , chancres ,
poulains , vérole & toute fa féquelle ,

se voyant seules chargées du pénible emploi d'exercer les talens des suppôts de Saint Côme, ont formé l'horrible projet de nous faire rentrer dans la classe des putains ordinaires ; en nous dénonçant au comité de fouterie, comme faisant un usage illicite de nos engins & de toutes les parties qui composent l'organe de la volupté. S'il faut juger du succès de leur entreprise, par celui qu'elles ont déjà obtenu dans leur affaire contre les sodomistes ; j'ose vous prédire que nous sommes foutues, & foutues sans être payées. Le décret du comité de fouterie, la ressemblance de notre cause avec celle des bougres & des bardaches, le crédit des putains auprès des juges qui les foutent gratis, tout doit nous faire craindre de succomber dans une affaire où nous n'avons point de moyens de séduire ceux qui doivent la décider.

Il est donc instant de prendre de bonne heure les moyens les plus surs de détourner l'orage qui gronde, je ne dirai pas sur nos têtes, mais sur nos cons, sur nos clitoris ; en un mot, sur tout ce qui nous procure le plaisir de foutre &

de

de décharger. Rappellez-vous , qu'il en
eft, en fait de chicane comme en fait
de fouterie ; dans le coït , celui qui
donne le premier coup de cul, eft or-
dinairement le premier à éjaculer ; en
fait de plaideurs, l'agreffeur eft prefque
sûr de l'emporter fur fon adverfaire.
Lions - nous donc d'intérêt avec les
enfans de Sodôme ; faifons avec eux
une ligue cimentée par le foutre, laif-
fons-nous enculer, même s'il le faut ;
nous ne devons point nous parer d'une
fauffe délicateffe fur le choix des moyens,
tous font honnêtes qnand ils menent
au but ; j'en attefte le poéte qui a dit:
dolus an virtus quis in hofte requirat ?
& ce poéte-là n'étoit pas un couillon.
Que nos forces réunies à celles des ri-
vettes foutent le tour aux mauvaifes coquines, aux facrés garces qu'un fuccès
paffager & capté a bouffies d'orgueil, mais
qui n'ont triomphé un inftant, que pour
rentrer avec plus de honte & de confu-
fion dans le bourbier des bordels. En
effet, mes chères con-fœurs, ou les fouteufes intimidées renonceront à leur
foutu projet, ou bien elles le mettront à
exécution: fi elles le font fur défiftement,

B

nous nous foutons d'elles , & nos craintes font diffipées : fi elles font affez bêtes pour s'obftiner , elles fuccomberont infailliblement à nos forces réunies à celles de fodomiftes , duffions - nous , pour affurer le fuccès vendre jufqu'aux poils de nos cons , pour en faire des mouftaches aux grenadiers de l'armée bleue. Ainfi , quoiqu'il arrive , ma motion me paroît fage , & je demande que l'honorable affemblée m'en dife fon avis avec fa franchife ordinaire.

Une aimable putain , une actrice charmante , Adeline s'eft levée & a dit : « je fuis fouteufe dans l'ame , tout le monde le fait , & j'en fais gloire : j'aime les hommes , & les femmes me pendent au cul. Je préfère une longue & groffe pine , qui bouche , au moins en partie , le vafte orifice de mon con , qui me racle vigoureufement, & qui me fait décharger avec abondance, à un clitoris mince & court, qui fe perdroit dans ma fente , qui ne feroit que me foutrailler , & qui ne pourroit me faire verfer une goutte de foutre. Premier motif pour que je ne fois pas de l'avis de mademoifelle Raucour. D'ailleurs , je me fouts de la feƈte Anandrine comme du poil de mon cul.

J'ignore fi le projet des putains exifte réellement ; & quand cela feroit, je n'en ferois pas plus portée à intervenir contre elles ; comme fouteufes, leurs intérêts font les miens ; &, a moins qu'on ne me prenne pour une imbécille, on ne doit pas efpérer que je fournirai des verges pour 'm'en foutre : comme citoyenne aƈtive, qualité qu'elles ne me difputeront pas, je dois contribuer, autant que je le puis, aux plaifirs des fouteurs qui m'en procurent fi fouvent à moi-même ; & vous obliger à exercer encore le putanifme public, c'eft rendre un fervice fignalé aux amateurs des garnds cons ; c'eft leur rendre un bien dont la poffeffion doit leur être chère, puifqu'ils l'ont acquife au prix de leur argent & de leur fanté ; car, combien de fortunes nos cons n'ont-ils pas renverfées ? Combien de chaudes-piffes n'ont-ils pas fait circuler ? J'en attefte un tas de ribauds qui coulent fur les grabats de Bicêtres, les lefcives impures dont nous leur avons fait préfent ; & vous voudriez étaler votre goût pour les clitoris ! & vous n'auriez pas honte de faire de vos engins & de leurs accef-foires, un ufage auffi révoltant que funefte, un ufage qui eût répugné aux Parifiennes, aux Afpafies, aux Meffa-lines elles-mêmes ! Ah ! renoncez plutôt à vos inclinations clitoriales ; reprenez le culte des pines, le feul digne de vos attraits & de vos charmes : qu'un déluge de fperme viril, répandu fur vos cons en guife d'eau luftrale, les lave des impuretés faus nombre dont ils fe font fouillés. Appaifez Priape par ce facrifice expiatoire, j'ofe vous promettre que vous déchargerez avec plus de volupté que jamais ; j'ofe vous pronoftiquer des fouteurs infatigables, du foutre à gogo, & de l'argent, pas beaucoup peut-être, mais des affignats plus que vous n'en voudrez : il eft tant de gens à qui ils ne coûtent rien, qu'ils n'en font pas chiches.

Croyez m'en, abandonnez les enfans de Sodôme à leur malheureux fort, ils ne font pas dignes de votre com-paffion : opprobre de la nature qu'ils outragent de toutes les manières, puif-fent-ils être rongés par la criftalline jufqu'à la moële des os ! Puiffent mes réflexions faire sur vous l'impression que j'ai lieu d'en attendre : si elles sont vaines, j'aurai du moins fait pour le vit & pour les couilles, ce que mon goût & la justice exigeoient de moi; & je m'en consolerai, en foutant à tort à travers, tant qu'il me restera une goûte de foutre.

Je ne m'étois point flattée, reprit Mademoiselle Raucour, de faire entrer Mademoiselle Adeline dans mes idées: avec un tempérament de louve, & une cupidité insatiable, il étoit difficile qu'elle adoptât un plan qui contrarie directement ses deux passions favorites, & qu'elle renonçât au plaisir de foutre & de gagner de l'argent; mais n'ayant rien dit dans mon discours qui pût blesser sa délicatesse, j'avois lieu d'attendre de sa part, qu'elle mettroit un peu plus de modération dans sa réponse, & qu'elle auroit quelques ménagemens pour un goût auquel nous sommes livrées sans réserve, & auquel nous tenons aussi fortement que les Couilles tiennent au Vit. Quoiqn'en dise Mlle. Adeline, quoique le foutre lui soit monté au visage, lorsqu'elle vomissoit sa diatribe contre nous : je suis persuadée, mes chères Con-sœurs, qu'il n'y en a pas une parmi vous, quelque putain qu'elle ait été dans le tems, qui n'aimât mieux se faire coudre le Con, que de reprendre l'usage des Pines, qui tant de fois vous ont gâté la taille : & ne croyez pas que notre inclination pour le clitoris soit d'invention moderne ; ce n'est pas d'aujourd'hui que les femmes se sont avisées de foutre sans le secours des hommes, nous en avons des exemples de tous les siècles & de tous les pays. Ces Femmes guerrières dont l'histoire nous conte tant de merveilles : ces Amazones célèbres qui habitoient les bords du Thanaïs, avoient un con, & un con aussi chaud que le nôtre ; cependant elles ne foutoient avec les hommes qu'une fois l'an, encore étoit-ce pour perpétuer leur race, & le reste du tems, elles se foutoient les unes les autres. Les dames romaines n'excluoient les hommes des Saturnales, que pour se livrer sans contrainte aux innocens ébats qu'on nous reproche. Les femmes sauvages du Canada, que leurs maris abandonnent

pendant fept ou huit mois que du-
rent leurs chaffes , fe dédommagent
de la privation des pines par l'ufage
du clitoris ; & s'il vous faut des autorités plus récentes & plus refpeclables,
ne puis-je pas vous citer. . . . ; mais
gardons-nous de toucher à l'Arche
Sainte , une paralyfie fubite feroit la
jufte punition d'un pareil attentât.

La Dlle. Adeline jette la pierre aux
Bougres & aux Bardaches ; mais eft-
elle dans le cas de le faire ? eft-elle
franche du colier à cet égard ? Non
fans doute, non , & j'en jure par le
con de Mlle. Lange ; fans m'excepter
moi-même, il n'en eft point parmi nous,
qui , par intérêt ou tout autre motif ,
n'ait cent fois pouffé la complaifance
jufqu'à fe laiffer foutre par derrière ;
& s'il falloit faire vérification de pièces,
le mince intervale qui fépare nos cons
de nos culs , prouveroit bientôt fans
réplique la vérité de mon affertion.
Mais pourquoi difcuter fi long-tems
une queftion qui n'en a pas befoin ? Je
tenterois inutilément de perfuader Mlle
Adeline ; dominée par fon humeur
foutante , elle eft attachée à fon opi-

nion comme un morpion aux couilles d'un pauvre homme. Je mets donc la motion aux voix , & je demande que toutes celles qui font de l'avis de l'intervention , s'exploitent en préfence de la récalcitrante , pour lui prouver la liberté des fuffrages. A l'inftant toutes les affiftantes tombent à la renverfe deux à deux ; on n'entend plus dans la falle que des foupirs étouffés, avant-coureurs de la volupté ; le parquet retentit des coups de culs , cent fois répétés : toute la bande joyeufe s'efcrime avec l'ardeur des plus vigoureux athlettes. Adeline feule , triftement affife fur fon fiege , femble plongée dans une efpece d'anéantiffement. Elle fe réveille enfin , & trouffant fes juppes avec fureur, » je jure par cet antre auffi refpectable que le Styx , une haine éternelle à toute la fecte anandrine. Puiffe-t-elle voir fes cons fécher de befoin, implorer en vain les fecours de Priape, & moi, nager dans un océan de foutre. » A ces mots elle quitte la falle & difparoit.

Cependant les votantes s'empreffoient de donner leur opinion ; elles

déchargent toutes à-la-fois, & la motion ayant paſſé à l'unanimité des voix,
la demoiſelle Raucourt dicta l'intervention dans les termes ſuivans.

INTERVENTION

*des Tribades dans la cauſe des Bougres
& des Bardaches, CONTRE les
fouteuſes &c.*

Nous, Actrices, Danſeuſes, figurantes,
eſpaliers de l'Opéra, des Français,
des Italiens &c. &c. &c. ayant renoncé
à foutre dans les formes ordinaires pour
nous mettre à l'abri des ſuites qui en
réſultent, & ayant fait ſerment de
plus uſer de pines & couilles, pour
n'avoir pas le déſagrément de voir nos
ventres groſſir, & nos tailles devenir
lourdes & maſſives, ce qui nous fou-
toit malheur; étions convenues de nous
foutre & gamahucher mutuellement,
afin de cueillir les roſes du plaiſirs,
ſans être expoſées à la piqure de ſes
épines. Sans craintes & ſans remords
parce que nous ne nuiſions à perſonne.
Nous nous livrions ſans méfiance à nos
amuſemens innocens, lorſque nous

avons manqué être les victimes de notre sécurité. Mais une divinité bien-
faisante veilloit sur nous : il nous est
parvenu que les putains formoient sour-
dement le projet de nous faire exercer
de nouveau le catinisme public que
nous avons abjuré avec serment. A
peine instruites , nous nous sommes
assemblées & après avoir mûrement
discuté un projet aussi important, après
nous être foutues & refoutues, branlées
& gamahuchées jusqu'à épuisement,
considérant que nous donnerions des
preuves d'une lâcheté dont nous sommes incapables , si nous ne prenions
pas tous les moyens possibles de résis-
ter aux fouteuses nos adversaires ; considérant en outre , que renoncer à
nous clytoriser, ce seroit renoncer à ce
qui nous fait chérir l'existence , nous
avons arrêté d'intervenir en faveur des
Bougres & des Bardaches dans leur
affaire contre les Putains & compagnie,
pendante au comité de fouterie ; of-
frant aux enfans de Sodôme de faire
la motié des dépenses des poursuites,
à telle somme qu'elles puissent se monter ; & de payer en cas de succom-

bantes , notre portion de tous les fra
qui feront faits à cette époque , don
le rôle fera mis fous nos yeux avec
les fignatures & paraphes de droit ; à
condition néanmoins , que lesdites Putains & compagnie feront pourfuivies à
toute outrance par devant tous les tribunaux chargés de connoître des af-
faires foutatives & enculatoires , jufqu'à entier défiftement de leur part,
ou jufqu'à jugement définitif ; voulant
que ia préfente , & tout ce qui la
précéde , foit légalement fignifié à notre
partie adverfe par le miniftère de notre
huiflier ordinaire , pour qu'elles n'en
prétendent caufe d'ignorance, & avons
figné le tout avec notre plus précieufe
fubftance , avec notre foutre.

Fait à Paris, le lendemain de l'Egra-
tignure de Charles Lameth.

Signées , Raucourt, Lange,
V . . P . . . C . . . aînée,
C . . . . cadette.

& Mariette Vagin , *fecrétaire* ,
à l'original.

Collationné, pour servir en jugement, & scellé du grand sceau de la société, portant l'empreinte d'un clytoris imperceptible au milieu d'un large con.

Signée Vagin, *secrétaire.*

Exploit de signification.

Nous huissier de tout ce qui concerne le plaisir de la fouterie, reçu & immatriculé dans tous les théâtres, bordels, bousins, allées du Luxembourg, des Tuileries & de tous les lieux suspects & infâmes, dont Paris, bordel général du royaume est composé; y domicilié, soussigné, prêt à tout faire pour de l'argent, dévoué ainsi que tous mes confreres, & tous les ci-devant robins, aux personnes qui payent largement & comptant; à la requête de l'honorable secte anandrine; avons, par le présent exploit, duement contrôlé, signifié l'intervention ci-coutre & tout ce qui la précede, aux putains & compagnie, parlant à la vicomtesse de Con-fendu, en son domicile, au bordel, descente du perron; & du tout lui avons baillé copie

copie, dont acte, à Paris, *signé*, Gratte-Con, huissier.

       Contrôlé & insinué à l'article con ; reçu sept sols six deniers.

       Signé, L. C.

Reçu copie le . . . & branlé la pine à l'huissier pour le dédommager de ses peines, déclarant aux anandrines que nous fournirons nos réponses dans le délai fixé par l'ordonnance.

Signée, la Vicomtesse de Con-Fendu.

Réponse de la vicomtesse de Con-fendu & de ses adhérentes à l'intervention de la secte anandrine.

Avec tout l'esprit qu'on suppose à mademoiselle Raucour, avec toute la pénétration dont elle est réellement douée, on est forcé de convenir que ses lumieres sont quelquefois en défaut ; elle vient d'en donner une preuve non équivoque dans son discours à ses compagnes pour les engager à prendre fait & cause contre nous, sur un rapport que rien ne pouvoit lui faire regarder comme authentique.

G

Soit mal adreſſe, ſoit éclipſe d'eſprit, ſoit défaut de meilleurs moyens, ma-demoiſelle Raucour, fronde impitoya-blement les opérations de l'auguſte aſ-ſemblée nationale ; préſente, ſous un aſpect odieux & terrrible, tous les évè-nemens que la révolution a produits ; & voue au mépris & à l'exécration la brave garde nationale dont le courage & la vi-gilance ſont le plus ferme ſoutien de la liberté publique. Dans la fange de la diſſolution où elle croupit, elle oſe porter un œil profane ſur l'heuréuſe conſtitution qui fait la joie des bons citoyens ; ſa bouche impure oſe diſtiler le poiſon de l'envie ſur tout ce que le patriotiſme a de plus reſpectable parmi les Français; accoutumée à vivre avec les ſuppôts de l'ariſtocratie, elle en a pris les idées ; accoutumée à bran-ler, à ſuccer leurs vits, elle en a avalé les principes avec le foutre. Ce n'eſt pas pour en venir à ce qu'elle appelle ſon objet principal, que la demoi-ſelle Raucour étale ſes ſentimens ſur la révolution, c'eſt qu'elle eſt réellement ariſtocrate elle-même, c'eſt qu'elle vou-droit faire adopter ſa façon de penſer à ſes compagnes, dans la folle eſpérance, peut - être, de faire quelqu'impreſſion dans le public ; mais elles comptent pour ſi peu de choſe dans le monde, qu'on n'a rien à craindre de leur part.

En expoſant ainſi au grand jour les vrais ſentimens de la demoiſelle Raucour & de ſes ſectatrices, nous nous croyons obligées, avant de répondre à leur intervention & aux injures dont elle eſt parſemée, nous nous croyons obligées de faire notre profeſſion de foi.

Nous déclarons donc que nous ſommes patriotes zélées, & qu'il ne tiendra pas à nous que la couſtitution ne s'acheve à la ſatisfaction de tous les partiſans de la bonne cauſe ; nous reſpectons l'aſſemblée générale, nous en aimons les membres en particulier, & nous leur en donnons des preuves toutes les fois qu'ils daignent nous honorer de leur viſite ; nous ſommes avec eux ſans réſerve ; nous nous prêtons à tout pour les amuſer, con, cuiſſes, feſſes, tétons, tout eſt à leur diſpoſition, & leurs moindres deſirs ſont pour nous des ordres ſacrés & reſpectables : telle eſt notre maniere de voir & de ſentir dans les circonstances actuelles ; nous ne craignons pas de la publier, parce que, toutes putains que nous sommes, nous savons apprécier les choses, & distinguer ce qui est bon d'avec ce qui est mauvais.

Bien loin de prendre des moyens pour défendre leur abominable secte, les anandrines devroient rougir de honte de louer un goût qui les déshonore aux yeux des personnes qui font le moins de cas de l'honneur, à nos propres yeux ; car convenir qu'on a une passion décidée & insurmontable pour un clitoris, pour un engin dont l'usage ne doit que très - rarement produire l'éjaculation ; n'est - ce pas le comble de l'infanie ? n'est-ce pas outrager la nature ? ne vaudroit-il pas mieux mille fois se servir d'un bon gros vit, aux risques d'attrapper la vérole la plus complette, aux risques même de voir gâter sa taille ? Et les tribades osent nous appeller une vile engeance ! mais cette épithéte flétrissante ne leur convient-elle pas mieux qu'à nous ? Je le demande à tous les connoisseurs en fouterie.

Nous n'avons pas plus d'amour-pro-

pre qu'il ne faut ; mais , sans préven-
tion , nous osons nous flatter qu'aux
yeux du public, nous sommes moins
avilies , moins méprisables qu'elles ; la
raison en est simple & à la portée d'un
chacun. Nous foutons, nous branlons,
quelquefois même, puisqu'il faut l'a-
vouer, nous gamahuchons ; mais c'est
pour gagner notre vie, & qu'importe,
après tout , de qu'elle maniere on la
gagne ? Les uns se procurent leur sub-
sistance à la sueur de leurs fronts . nous
vivons de celle de nos culs; d'ailleurs
en satisfaisant ce besoin le plus urgent
pour tout être vivant, nous remplissons
le but de la nature, qui ne nous a pas
fait des cons pour y loger des souris,
& si nous n'avons pas souvent le plaisir
de faire des enfans, nous avons celui
de décharger, & ce n'est pas le moins
sensible de tous. Mais les anandrines ,
qui nous taxent de mauvaises coquines ,
peuvent-elles alléguer en leur faveur des
raisons aussi plausibles que celles que je
viens d'exposer , je les en défie. Elles
sont au-dessus du besoin , elles en con-
viennent; leur coït ne peut pas remplir
le but de la nature ; c'est tout simple :

le plaifir qu'elles fe procurent doit être bien peu de chofe ; ce n'eft donc que par un rafinement mal entendu, ce n'eft que par un excès de libertinage qu'elles fe foutraillent mutuellement ; & par-là même, elles font plus viles, plus méprifables que les branleufes de la place Louis XV. La demoifelle Raucour, pour étayer fon fyftême clitorial, ou peut-être pour faire parade d'une érudition dont nous nous foutons comme des couilles de Tarquin ; nous cite d'un ton empoulé l'exemple des Amazones, des dames romaines, des femmes du Canada: oh ! pour le coup, la Raucour fe fout de nous, ou elle a perdu la tête. Quand je vois une femme fe foutre le ton de pédantifer, il me femble qu'on m'arrache les poils du con l'un après l'autre, & je lui foutrois volontiers de mon pied dans le cul ; mais la Raucour a-t-elle voyagé chez les Amazones pour nous parler de leurs mœurs avec tant d'affurance ? Non, fans doute ; elle a vu cette farce dans quelques vieux bouquins dont elle auroit mieux fait de fe torcher le derriere. Nous n'en croyons pas plus ce qu'elle dit des dames romaines; comme elle n'a jamais foutu le nez dans leur assemblée, comme celles qui les te- noient, ont foutu le camp pour l'autre monde, il est impossible qu'elle sache ce qui s'y passoit; elle voudra bien nous pardonner notre incrédulité à cet égard. Pour ce qui concerne les femmes du Canada, c'est encore un galbanum qu'elle nous fout par la figure : nous n'avons ja- mais lu que Dom-Bougre; mais nous gagerions bien le rogome qu'il n'y a pas un auteur assez couillon pour avoir écrit ces foutaises-là ; & supposez même que quelque bande-à-l'aise se fut avisé de l'écrire, il ne seroit pas mal couillonné, si nous lui demandions à en faire la preuve. Ce qui nous refout le plus dans tout ce que dit la demoiselle Raucour, c'est qu'elle offre de citer des autorités plus récentes, & qu'elle se contente de mettre une enfilade de points ; encore si c'étoit des couilles, ça nous réjoui- roit la vue; mais des points; oh ! les plaisantes autorités ! Il est vrai qu'elle feint de n'oser s'expliquer ; elle n'ose toucher à l'arche sainte crainte de ga- gner une paralysie. Qui auroit jamais

pensé que la demoiselle Raucour qui a
touché & branlé tant de vits ; qui les
a si souvent logés dans son con, sans
craindre de gagner la vérole, seroit
devenue si pusillanime ? Qui auroit
pu se persuader que celle qui touche,
qui branle, qui léche le con de la demoiselle Lange, pousseroit la delicatesse
jusqu'à n'oser toucher ce qu'elle appelle l'arche sainte ; n'est-ce pas se foutre
des gens à leur barbe que de vouloir
faire avaler des pillules si mal dorées ?
Apparemment la demoiselle Raucour
nous prend pour ce que nous ne sommes pas, pour des bonnes couilles de
femmes ; elle a oublié que nous sommes
putains, & que comme telles, en fait
de fouterie, nous en savons aussi long
qu'elle.

La Présidente des tribades trouve
extraordinaire que la demoiselle Adeline
ne prenne pas le parti des sodomistes ;
elle l'a défiée même de leur jetter la
pierre, par la raison, dit-elle, qu'il n'y
en a pas une parmi elles, qui ne se soit
laissée enculer. La demoiselle Raucour
en juge sans doute d'après elle ; & on
croit aisément qu'une femme qui est

actuellement tribade, a été précédem-
ment gouine, & gouine dans toute l'é-
tendue du terme: mais peut-elle, sans
impudence, mesurer lès autres à son
aulne? Elle en offre pour preuve le mince
intervalle qui sépare les deux ouver-
tures ; si c'est là une raison péremp-
toire, il faut en conclure que les trois
quarts des femmes ont été bardaches ;
car dans la plûpart, non-seulement l'intervalle est mince, mais même le con
& le cul se communiquent, & sont tel-
lement confondus, qu'ils n'offrent plus
qu'un vaste gouffre. Et puis, parce qu'un
roi est mort de la vérole, il ne s'ensuit
pas que ceux qui l'ont gagnée depuis,
en doivent tirer vanité, ou en soient
plus excusables.

Ensuite des raisons bonnes ou mauvaises de la demoiselle Raucour, les
anandrines craignant pour leur secte,
nous ont déclaré intervenir contre nous
dans l'affaire des bougres & des bardaches pour prévenir les belles démar-
ches que nous nous disposons à faire
contre elles. Eh bien, nous nous en
foutons, & nous leur annonçons que
quelques ennemis de plus ne font que
redoubler notre courage : elles se pro-

posent de nous poursuivre devant tous les tribunaux de fouterie jusqu'à entier désistement de notre part ; si elles ne déchargent pas jusqu'àlors, le foutre leur sortira par les yeux ; ni leurs richesses, ni leurs menaces ne sauroient nous foutre la peur dans le ventre ; tant qu'il nous restera du poil au cul, tant que les hommes banderont, tant que nos mains sauront branler les pines, nous serons inaccessibles à la crainte. Il n'y a que la misere & bicêtre qui puissent nous effrayer. Ainsi qu'elles s'attendent à la résistance la plus opiniâtre ; nous sommes femmes, nous sommes putains, & par conséquent entêtées. Nous n'avons rien, ou presque rien à perdre ; mais dussions nous vendre jusqu'au dernier poil du cul, dussions-nous faire des barbes à douze sols, nous les forcerons à redevenir putains, quand elles devroient en crever de dépit. *Signées*, la vicomtesse de CON-FENDU, & Genevieve SUCCE COUILLE, Sécretaire, à l'original.

Collationné sur son original, pour servir en jugement, *signée*, SUCCE - COUILLE, Sécrétaire.

(35)

L'an mil sept cent quatre-vingt-dix, le second de la régéneration de la France, & du désespoir de l'aristocratie; nous huissier bousineur, ancien Sécretaire du bordel de la GOURDAN, maquereau honoraire du Clergé, reçu & immatriculé au Palais - Royal, aux boulevards, au carrefour de Bussy, à la rue du Pélican, à la Place de Louis XV, & à tous les coins de rue de Paris où se fait le commerce foutatif, y domicilié, soussigné à la requête de la vicomtesse de Con - Fendu, dite la Bachante, grande maîtresse en fouterie, & présidente perpétuelle des fouteuses, maquerelles, branleuses, &c. &c. Nous sommes transportés au domicile de la demoiselle Raucour, où, étant nous aurions trouvé sa gréluchon, balayant l'escalier, & se branlant en cadence, & lui ayant demandé l'appartement de sa maîtresse, elle nous auroit répondu qu'elle n'étoit pas visible, attendu qu'elle étoit occupée à se faire gamahucher par la demoiselle Lange. En conséquence nous aurions troussé la gréluchon & l'aurions exploitée bien

& duement sur l'escalier & debout,
au risque d'en avoir la goute ; après
quoi, nous lui avons signifié la réponse ci-après par le présent exploit,
& du tout lui en avons baillé copie,
dont acte à Paris , *signé* GRATTE-
COUILLE, huissier.

Laquelle a répondu qu'elle se fou-
toit de la réponse & de l'exploit ; mais
qu'elle étoit très-contente de l'huissier
qui l'avoit foutue à Gogo.

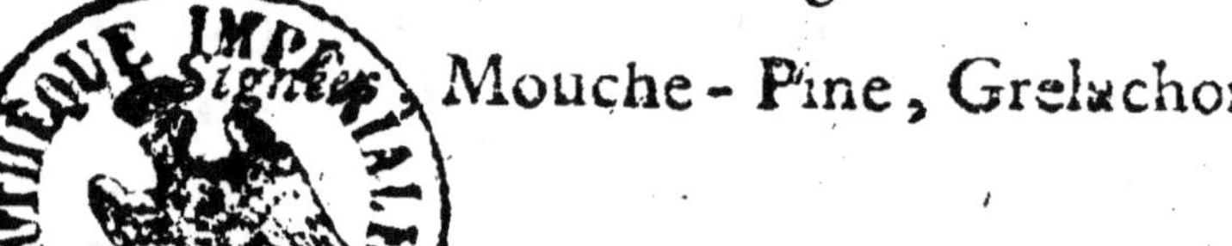

Signée, Mouche - Pine, Greluchon.